UNE REPRÉSENTATION

DES

JEUNES CAPTIFS

RACONTÉE

PAR UN TÉMOIN OCULAIRE

VICTOR ARMAND BRUNET

Membre de plusieurs sociétés archéologiques françaises
et étrangères.

ABBEVILLE
IMPRIMERIE BRIEZ, C. PAILLART ET RETAUX
1869
(*Se trouve à Vire, chez l'auteur, rue de l'Hospice,* 19.)

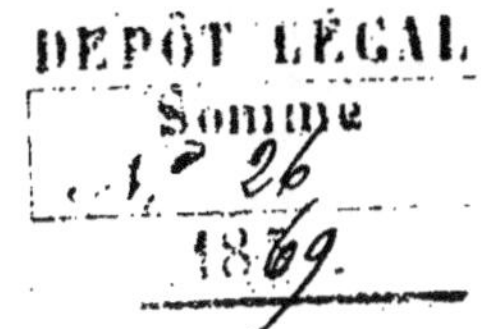

UNE REPRÉSENTATION

DES

JEUNES CAPTIFS

RACONTÉE

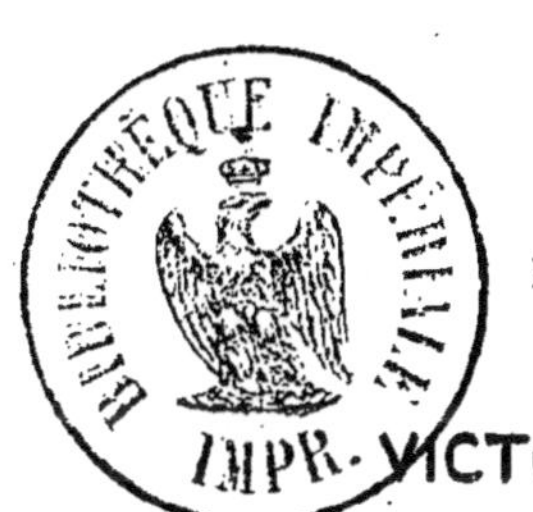

PAR UN TÉMOIN OCULAIRE

VICTOR ARMAND BRUNET

Membre de plusieurs sociétés archéologiques françaises
et étrangères.

ABBEVILLE
IMPRIMERIE BRIEZ, C. PAILLART ET RETAUX
1869

(*Se trouve à Vire, chez l'auteur, rue de l'Hospice,* 19.)

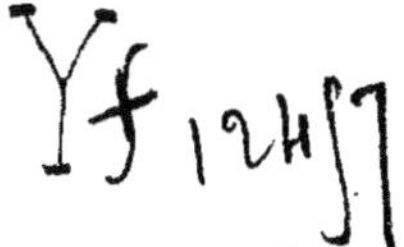

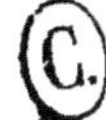

LES

JEUNES CAPTIFS

DRAME EN TROIS ACTES

PAR

M. L'ABBÉ THIBAULT

vicaire à Bordeaux

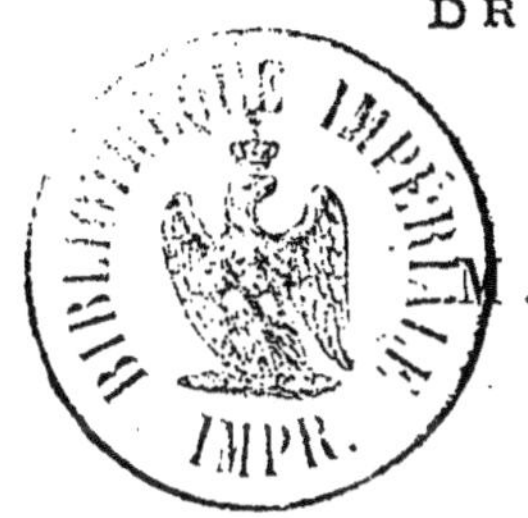

PIÈCE JOUÉE LE MERCREDI 12 AOUT 1868 A 2 HEURES 1/2
DU SOIR, DANS LE JARDIN DES PLANTES DE VIRE

PAR

les élèves des frères des écoles chrétiennes de Vire

ABBEVILLE

IMPRIMERIE BRIEZ, C. PAILLART ET RETAUX.

1869

A M. L'ABBÉ THIBAULT

Vicaire à Notre-Dame de Bordeaux

AUTEUR DE LA PIÈCE DES JEUNES CAPTIFS

ET DE PLUSIEURS AUTRES CHEFS - D'ŒUVRES DRAMATIQUES

LES JEUNES CAPTIFS

I

Le douze août 1868, une foule nombreuse se pressait aux abords du jardin des plantes de Vire.

Ce jour-là avait lieu la distribution des prix aux élèves des Frères de l'Ecole chrétienne de Vire.

A deux heures et demie, moment fixé pour l'ouverture de cette petite fête, plus de quinze cents spectateurs se trouvaient réunis.

Qu'attendaient-ils donc ?

Rien moins qu'un beau drame en trois actes, un des chefs-d'œuvre de M. l'abbé Thibault, vicaire à Notre-Dame de Bordeaux, *les jeunes captifs*.

Après le compliment d'ouverture, quelques prix furent distribués.

Les spectateurs impatients voulaient entendre la pièce avant tout.

II

Enfin vers trois heures, le rideau de l'estrade où on avait préparé le théâtre, se leva et montra aux yeux des spectateurs les grottes habitées par Rodolfo et sa troupe. Puis dans le lointain se dressait le vieux donjon de Forté-Molé.

« Le château de Fortè-Molé dont l'enceinte est peu étendue se dresse à l'extrémité d'un promontoire abrupt qui domine la ville de Vienne, capitale de l'Autriche. Du côté de la plaine, il présente un fort beau front en pierres de taille, couronné de mâchicoulis et composé de trois tours réunies par deux courtines. Au dessus, l'on aperçoit le sommet d'une grosse construction rectangulaire à deux pignons, ornée sur trois faces de contreforts plats et soutenue sur la quatrième par trois autres contreforts très-saillants. Comme presque tous les jours ont été bouchés, son aspect est celui d'une vaste grange. C'est le vieux donjon construit, au commencement du XIe siècle, par des seigneurs vassaux de l'évêque de Vienne. Ce logis isolé dans l'enceinte, mais sans fossé alentour, ne pouvait concourir que d'une manière fort imparfaite à la défense du château. Ses murs sont d'une épaisseur ordinaire relativement à l'étendue du bâtiment (1 m. 80). Ses ouvertures ont été plusieurs fois modifiées. Il reste cependant, au second étage, plusieurs fenêtres primitives relativement larges (environ 2 pieds) terminées par un arc plein-cintre, et assez régulièrement espacées. A l'intérieur, ce donjon n'offre qu'une seule salle, longue de treize mètres et demi, large de huit mètres et demi, et divisée en trois étages par des planchers que porte un pilier octogone placé au centre. »

Tel est le vieux donjon de Forté-Molé ou plutôt sa description écrite par un savant antiquaire M. D.....

III

La toile était levée depuis quelques instants, les spectateurs avaient dévoré des yeux le tableau qui s'offrait à leurs regards. Le principal acteur vint annoncer le titre de la pièce et la distribution des rôles :

LES JEUNES CAPTIFS

Drame en TROIS Actes, par M. l'abbé Thibault, vicaire à Bordeaux.

DISTRIBUTION :

RODOLFO, baron DE LANSFELD, capitaine de brigands	
LE COMTE DE LANSFELD, grand dignitaire de la Cour d'Autriche	Eugène Marie.
FRÉDÉRIC DE LANSFELD, } fils du comte.	Ernest Boussin.
ALFRED DE LANSFELD, } fils du comte.	Julien Lebrun.
PIETRO, lieutenant de Rodolfo	Albert Vezard.
STERNO, brigand	Victor Heurtaut.
Un Brigand	Eugène Perrard.

Troupe de brigands, paysans, écuyers, chevaliers, etc.

Premier acte : Le Dévouement.

Deuxième acte : La Trahison.

Troisième acte : La Bataille.

La scène est en Autriche, près du château de Forté-Molé.

Cela dit la toile tomba.

Elle se releva quelques instants après.

III

SCÈNE PREMIÈRE.

Deux brigands se réveillent en sursaut en entendant sonner minuit.

Nous ne rapporterons point leur dialogue, nous nous contenterons seulement d'en donner ici un résumé très-succinct.

Piétro, lieutenant de Rodolfo et Sterno sont en scène, ils gardent la caverne pendant que Rodolfo, parti avec toute sa troupe composée de soixante bandits, recherche s'il n'y aurait pas moyen de tenter un bon coup dans les environs.

Il est minuit, Piétro s'étonne de ne pas voir rentrer ses camarades. Sterno le rassure, parle du courage et des ruses du capitaine. Piétro se laisse aller peu à peu au bavardage, il raconte sa vie passée. « J'ai vu de près, dit-il, la noblesse « de Vienne, j'étais l'intendant du comte de Lansfeld, le « précepteur de ses enfants. Mais la livrée de la servitude « pesait trop à mon orgueil; je partis en enlevant au comte « une somme considérable. Hélas ! elle s'engloutit bien « vite dans le gouffre de la débauche. Alors pour rétablir « ma fortune et pour échapper aux poursuites de la jus- « tice, je m'enrôlai parmi les brigands de Rodolfo. Me « voilà lieutenant... »

Sterno se met à bavarder aussi. Il est bandit faute de mieux. Il a passé par tous les métiers les plus beaux, jugez-en : *mendiant*, *vagabond*, *voleur*, *brigand*, etc., etc. En vérité Rodolfo a bien choisi son monde.

Or pour mettre dignement le comble à cette vie passée. Sterno a jugé à propos d'être l'espion de Rodolfo, aussi s'en tire-t-il à merveille.

Il fait jaser le pauvre Piétro qui donne dans le panneau et finit par avouer qu'il regrette son ancienne vie et par dessus tout les enfants de son ancien maître, le comte de Lansfeld.

Alors Sterno, curieux comme un Bas-Breton demande à Piétro s'il ne connaît point quelque renseignement biographique sur Rodolfo, car, dit-il, il n'a pas toujours été brigand et puis, ajoute-t-il, sa voix, son air, ses manières, tout en lui annonce une illustre origine.

Piétro va sans doute s'enfoncer de plus en plus, mais par bonheur pour lui, on entend revenir Rodolfo et sa troupe. Ils chantent :

Ah ! quel plaisir d'être brigands !
Notre nom redoutable
Fait trembler les tyrans ;
Nous goûtons de la table.
Les plaisirs enivrants.
Ah ! quel plaisir d'être brigands !

Cela prouve qu'ils ont fait une bonne capture.

Effectivement, ils viennent tous se ranger sur la scène, ayant dans leurs rangs deux jeunes prisonniers.

C'est là que le drame commence.

IV

SCÈNE II.

Rodolfo promet monts et merveilles à sa troupe, fait évaluer la valeur du butin que Piétro estime à dix mille florins.

Le capitaine est assez content, mais sa joie ne va pas être de longue durée.

Il s'informe ensuite des nouvelles du dîner. On lui annonce que le bon Sterno, pour le moment cuisinier, a tout préparé. Rodolfo envoie ses bandits boire à sa santé, leur promettant d'aller les rejoindre bientôt (*Les bandits sortent*).

SCÈNE III.

Rodolfo recommande alors à Piétro les enfants qu'il a capturés. Piétro demande ce qu'il faut en faire.

« — Faut-il les mettre dans la grotte des captifs ?

« — Non, je veux qu'ils soient libres.

« — Vous accordez cette avantage à bien peu de prisonniers. Ce sont peut-être les fils de quelque grand seigneur.

« — Ils m'ont caché leur nom, mais je le saurai bientôt.

Rodolpho s'en va laissant Piétro tout stupéfait de sa miséricorde.

SCÈNE III.

Piétro qui n'est pas insensible devant la gentillesse des deux captifs (Ernest Boussin et Julien Lebrun), commence à s'attendrir sans en deviner la cause.

Alors s'engage entre eux le dialogue le plus touchant qui ait jamais fait prêter l'oreille à une mère.

Les enfants interrogés font des confidences.

Après une assez longue conversation, Piétro reconnaît qu'il a devant lui les enfants de son ancien maître, le comte de Lansfeld. Pour ne pas laisser voir son émotion il sort.

SCÈNE V.

Les enfants restés seuls se lamentent. Cependant Frédéric plus âgé de quelques années de plus qu'Alfred console celui-ci et fait renaître son courage abattu. Ils se jettent à genoux et prient la Vierge.

Vierge que les chrétiens honorent
Entends nos voix, elles t'implorent
Dérobe au glaive des méchants
Dérobe tes pauvres enfants

A cet endroit (ce qui prouva combien ce passage fut bien rendu), on vit plus de cinq ou six cents personnes le mouchoir aux yeux.

Frédéric bâtit un château sur le sable, il sait qu'il a attendri le vieux Piétro, il espère aussi attendrir le capitaine Rodolfo.

Mais on ne va pas si vite que cela en besogne.

Alfred ne se fait pas illusion, il se croit perdu, mais Frédéric invoque la Providence.

Ils se jettent à genoux et prient...

SCÈNE VII.

Piétro rentre et met le chapeau à la main. Il va devenir poli.

Les captifs courent à lui, lui font mille gentillesses qu le touchent de plus en plus.

De caresse en caresse, il en arrive à leur promettre d'écrire à leur père et de les mettre en liberté secrètement, puis il les congédie.

SCÈNE VII.

Piétro resté seul regrette sa vie passée et se trouve indigne de vivre. Cependant il veut, pour réparer ses crimes, sauver ces enfants et prend Dieu à témoin de sa résolution.

SCÈNE VIII.

Survient Rodolfo, gai comme un beau jour de printemps.

Il a appris ce qu'il voulait savoir.

Il connaît le nom des enfants. « Oui, Piétro, dit-il, ils sont « les fils du comte de Forté-Molé, de ce téméraire qui pré- « tend nous faire la loi, comme si ma caverne ne pouvait « pas défier les forces de l'empire autrichien ! comme si je « n'avais pas près de moi soixante braves qui à eux seuls « feraient trembler l'Europe. »

Piétro essaie en vain de placer un mot, Rodolfo a perdu toute sa gaieté qui de nouveau a fait place à la colère. Il part en recommandant à Piétro d'envoyer quelqu'un à Forté-Molé pour avoir des nouvelles et vocifère des menaces de vengeance contre le vieux propriétaire du manoir qui se dresse dans le lointain.

SCÈNE IX.

Piétro a peine à maîtriser sa joie, il va pouvoir faire passer sa lettre au comte de Lansfeld. Il appelle le factotum Sterno qui à ses autres métiers joint celui de piéton.

Il ne perd pas son temps celui-là.

SCÈNE X.

Le bon Sterno arrive. A la nouvelle de son départ, il témoigne son mécontentement, mais puisque le capitaine a ordonné il faut obéir. En conséquence il va prendre son déguisement.

SCÈNE XI.

Après avoir hésité pendant quelques instants, Piétro écrit convulsivement une lettre et la donne à Sterno qui revient couvert d'un magnifique habit qui fut sans doute porté dans l'origine ou par un auvergnat ou par un Bas-Breton. Piétro lui confie sa lettre.

Sterno la retourne en tout sens et ses petits yeux s'attachent à Piétro qui le reconduit jusqu'à l'entrée du souterrain.

Là se termine le premier acte.

Pendant quelques minutes les app'audissements retentissent. La toile se relève bientôt.

Nous sommes maintenant dans l'intérieur des grottes.

DEUXIÈME ACTE.

SCÈNE PREMIÈRE.

La scène représente une caverne très-sombre. Dans le fond de la caverne est un lit avec des rideaux.

Paraissent Rodolfo et Piétro.

Le trouble de Piétro a gagné Rodolfo, qui est maintenant triste et abattu, mais Piétro touche la corde sensible, alors Rodolfo passe de la plus tendre émotion au paroxysme de la colère.

« Les grands m'ont haï, dit-il. Vois-tu ces mains, elles « ont été chargées de fers, et la fuite seule m'a sauvé d'une « mort ignominieuse. J'ai juré de me venger, je l'ai fait, « je le fais encore, je le ferai toujours. Ces enfants sont « les fils de mon ennemi, je les plains ; mais ce n'est pas « au moment où le combat va s'engager qu'il m'est permis « de lâcher une si belle proie.... »

Il envoie Piétro visiter les avant-postes et lui recommande d'être terrible....

SCÈNE II.

Rodolfo entr'ouvre les rideaux du lit. Les petits captifs dorment. Alfred se réveille en sursaut, et Rodolfo se cache, sachant qu'il joue assez le rôle de croquemitaine.

Alfred éveille son frère et tous deux racontentent leurs projets de délivrance et de fuite.

Frédéric chante une romance (1) qui est trop longue pour trouver place ici.

Rodolfo trépigne d'impatience et de colère.

Enfin Frédéric et Alfred racontent aussi les projets de leur père sur Rodolfo. Le comte de Forté-Molé promet à Rodolfo de placer sa tête (lorsqu'il l'aura vaincu) sur les créneaux de la citadelle. La perspective n'est pas très-rassurante.

Rodolfo se découvre, les enfants jettent les hauts cris Le capitaine les envoie promener.

(1) *Nous communiquerons cette romance à tous ceux qui en feront la demande par écrit.* (V. A. B.)

SCÈNE III.

Rodolfo revient toujours à ses projets de vengeance. Le comte de Forté-Molé n'a qu'à bien se tenir.

SCÈNE IV.

Sterno revient de Forté-Molé, il apporte des nouvelles très-intéressantes. Le comte de Lansfeld se met à la tête de 500 paysans, gendarmes et valets et se prépare à venir attaquer les grottes.

Sterno lui remet la lettre écrite par Piétro.

Alors Rodolpho lui promet de le nommer son lieutenant, puis il sort.

SCÈNE V.

Sterno est on ne peut plus content, il a renversé Piétro pris sa place. Une seule pensée le gêne : c'est qu'il pourra recevoir quelques coups de carabine. Or cette perspective ne l'amuse guère, car il finit par reconnaître que tout n'est pas rose dans la vie.

SCÈNE VI.

Rentre Frédéric. Il s'informe de ce qui se passe à Forté-Molé et pour le faire bavarder Sterno lui raconte un tissu de mensonges.

Piétro rentre à temps, car Frédéric a déjà la langue déliée.

SCÈNE VII.

Sterno annonce à Piétro que sa lettre est entre bonnes mains, et qu'il ambitionne la place de lieutenant.

Piétro se récrie à cette idée.

Sterno, en manière d'adieu lui répond qu'il n'attendra pas longtemps. Il sort et laisse Piétro dans une perplexité facile à concevoir.

SCÈNE VIII.

Frédéric confirme les craintes de Piétro, il le remercie au nom de ses parents de ce qu'il a fait pour eux et lui propose de renoncer à cette vie de brigand.

Piétro se voyant trahi, tout son courage l'abandonne. Entendant du bruit il congédie Frédéric.

SCÈNE IX.

Rodolfo rentre suivi du nouveau lieutenant Sterno.

Il enlève à Piétro ses insignes de lieutenant.

Piétro sans se déconcerter demande pourquoi il a encouru la disgrâce du chef.

Rodolfo pour toute réponse lui montre la lettre.

A cette vue, Piétro tire son poignard et s'élance sur Sterno.

Vous croyez que celui-ci va se défendre ? Pourquoi donc ?

Il a un moyen de n'attrapper aucun horion, *il se réfugie* prudemment derrière son capitaine.

Celui-ci donne un coup de sifflet. Quatre bandits paraissent et sur un signe de Rodolfo, se saisissent de Piétro et l'emmènent.

Sterno, malgré sa lâcheté est baptisé lieutenant avec tous les honneurs dus à un si beau grade.

Le deuxième acte se terminait là.

Comme la première fois les spectateurs battirent des mains à qui mieux mieux, ils prenaient goût à la représentation et ils n'avaient d'yeux que pour les deux vrais héros de la pièce :

Frédéric et Alfred sous les traits de *Ernest Boussin* et *Julien Lebrun*.

TROISIÈME ACTE.

SCÈNE PREMIÈRE.

Le rideau se releva bientôt et nous montra la prison du favori Piétro tombé en disgrâce.

La caverne est attaquée de tous côtés par les soldats du comte, Piétro crie et tempête dans sa prison, il voudrait sa liberté pour se sacrifier au salut de ses anciens maîtres. Tout à coup la porte s'ouvre et Frédéric paraît.

SCÈNE II.

Frédéric vient délivrer Piétro.

Celui-ci se fait reconnaître, et Frédéric a peine à en croire ses yeux.

Ils projettent de fuir, mais la clef de la poterne du nord est perdue.

Frédéric annonce à Piétro que Sterno doit avoir cette clef pour fuir lui-même.

SCÈNE III.

Sterno arrive déguisé. *Il est brave ce lieutenant-là mais quand il n'y a aucun danger.* Il va fuir, mais Piétro lui coupe la retraite.

A la vue de celui qu'il a sacrifié à son ambition, il commence à trembler de tous ses membres et demande honteusement la vie, comme si la mort n'était pas mille fois préférable au déshonneur, *malo mori quam fœdari*, dit un viel adage.

Piétro la lui accorde, après lui avoir pris la clef. Et Sterno se sauve et court encore.

SCÈNE IV.

Frédéric revient avec son frère qu'il recommande à Piétro, puis annonce sa résolution d'aller combattre les brigands. Piétro ne voulant le laisser partir seul, sort avec lui. Ils abandonnent Alfred qui se désole de rester seul. « Ils partent, dit-il, me voilà seul, seul au milieu de ces « affreuses ténèbres. Les cruels ! ils m'ont abandonné ; « mais ils vont défendre mon père, je leur pardonne. Ah ! « pourquoi n'ai-je pas la main assez forte pour soutenir « une épée ? Je l'aurais défendu, moi aussi. (*Le bruit de la fusillade redouble; on entend des cris de victoire poussés « par les brigands*) Quel bruit effroyable ! Je tremble, je « frissonne O ! mon Dieu ! mon Dieu !

Vierge Marie,
Mère chérie,
Oh ! je t'en prie,
Veille sur moi.
Rends-moi mon père.
Rends moi mon frère.
Dans ma misère,
J'espère en toi.
Quand leur tendresse
Vole au trépas,
Tout les délaisse,
Soutiens leurs bras.
La foudre gronde,
Vois mon effroi ;
Reine du monde
Veille sur moi.

En ce moment reviennent Frédéric et Piétro blessés. Ils ont voulu se mêler à une lutte inégale et ont failli perdre la vie.

Piétro leur conseille de fuir pendant qu'il en est temps encore, ils n'ont rien à espérer des bandits. Après un généreux combat entre les enfants et Piétro, ils acceptent et sortent par la petite poterne.

SCÈNE V.

A peine sont-ils sortis que Rodolfo paraît l'épée à la main, tenant prisonnier le comte de Lansfeld.

Celui-ci avant de songer à sa rançon demande la grâce de ses enfants.

Rodolfo ordonne à un des bandits d'aller chercher les enfants et de revenir ensuite les poignarder sous les yeux du père....

A ces mots le vieux comte de Lansfeld se jette aux genoux du capitaine qui s'attendrit peu à peu et pose ses conditions. Pour la liberté de ses enfants le comte de Lansfeld restera prisonnier, donnera son château, ses immenses domaines et 2000 florins d'or à Rodolfo.

Celui-ci accepte et demande au comte sa signature.

Le comte signe et remet le billet aux mains de Rodolfo.

Celui-ci laisse tomber le billet et regarde le comte de Lansfeld avec stupeur car,

Il a reconnu son frère.

Ils se jettent dans les bras l'un de l'autre et s'embrassent.

En ce moment survient un bandit qui annonce que les enfants se sont enfuis.

Rodolpho parcourt la scène à grands pas.

Piétro arrive et lui annonce que les enfants sont sauvés.

Rodolfo se met encore en colère, mais c'est pour la dernière fois.

Quelques bandits s'entremettent et font comprendre à

Piétro que les deux ennemis Rodolfo et le comte de Forté-Molé se sont réconciliés.

Alors il se met à la poursuite des enfants.

Pendant cela, le comte trace un nouveau plan de vie à son frère Rodolfo. Celui ci promet tout, et enfin il consent à abandonner sa caverne et à se retirer au château de Forté-Molé, qu'il défendra en cas d'attaque, avec ses bandits qui deviendront soldats de l'empereur d'Autriche.

Rodolfo appelle ses compagnons, leur fait des propositions, les bandits refusent d'abord puis ils acceptent.

Piétro revient avec les enfants, se fait reconnaître du comte qui lui pardonne.

Tout est bien qui finit bien.

—

Telle est en résumé la pièce des Jeunes captifs jouée à ravir par *Albert Vezard*, *Victor Heurtault*, *Eugène Marie*, *Ernest Boussin et Julien Lebrun*. Ces deux derniers furent sans contredit les héros de la pièce.

Les spectateurs racontaient encore leurs impressions quinze ou vingt jours après cette fête.

Cela prouve qu'on n'oublie pas les endroits où l'on s'amuse.

A l'an prochain 1869.

Vire, 15 Octobre 1868. VICTOR ARMAND BRUNET.

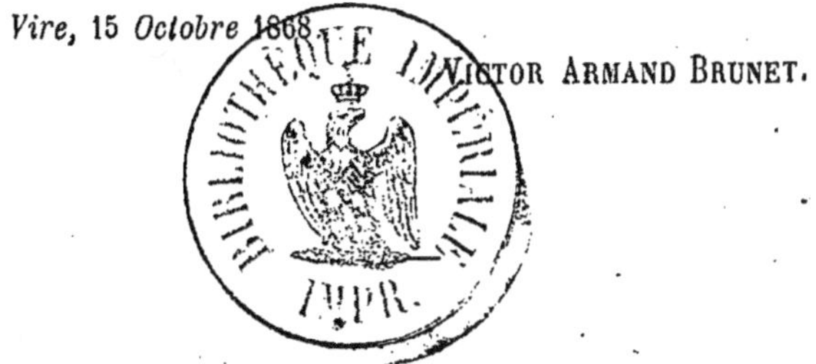

390. — Abbeville. — Imprimerie Briez, C. Paillart et Retaux

SOUS PRESSE :

—

LE SOUPER D'UN PENDU

LÉGENDE

Par V. A. BRUNET

EN PRÉPARATION :

—

OLIVIER BASSELIN

ET LE

VAUDEVILLE

PAR

V. A. BRUNET

(Tous les opuscules de V. Brunet se trouvent à Vire, chez M. Marescal, libraire, rue du Calvados.)

www.ingramcontent.com/pod-product-compliance
Lightning Source LLC
LaVergne TN
LVHW020631110826
845149LV00004B/1143

9782019196219